LES RECETTES MAGIQUES DU MAGICIEN MAGOUILLE

par Fran Pickering

Comme tout bon livre de formules magiques, en voici un que tu prendras plaisir à dévorer. Si tu as envie de préparer une recette magique quelconque, ouvre vite ce livre. Dès qu'une recette retiendra ton attention, prépare-la. Plus tu t'amuseras, plus la magie se réalisera!

Illustrations de John Pickering

Les recettes ont été officiellement testées par Annabel, 10 ans.

Adaptation française de Dominique Chauveau

EH Héritage jeunesse

Yum!

Les conseils du magicien Magouille

La magie est l'art de transformer une chose en quelque chose d'autre! La cuisine est magique! Un bon cuisinier, comme un bon magicien, peut ouvrir un placard et préparer magiquement une délicieuse recette, peu importe les provisions qu'il y trouve.

Il n'existe pas deux magiciens qui récitent une formule magique de la même façon.

Deux personnes peuvent, à partir d'une même recette, préparer chacune un gâteau et obtenir un résultat différent; c'est là tout le merveilleux de l'art culinaire.

TU es magique. Quoi que tu fasses dans ta vie, tu y apportes ta propre magie!

Sers-toi de ton imagination... mais suis bien les règles!

Un bon magicien ne prend aucun risque

1   Si tu dois utiliser la cuisinière, demande toujours à un adulte de t'aider.

2   Assure-toi toujours de tourner les poignées des casseroles vers l'intérieur et non pas vers l'extérieur de la cuisinière, où il serait facile de les accrocher et d'en renverser le contenu sur toi ou sur quelqu'un d'autre.

3   Ne mets jamais tes mains près du four s'il est chaud et si tu ne portes pas de gants isolants!

4   Si tu as besoin d'un couteau, demande toujours à un adulte de t'indiquer celui que tu peux utiliser et sois prudent.

Un magicien efficace misera sur la propreté

1   Avant de commencer à préparer une formule magique, lave-toi les mains avec soin et nettoie bien la surface de travail dont tu te serviras.

2   Porte un tablier propre pour protéger tes vêtements.

3   Si tes mains deviennent trop sales ou trop collantes pendant que tu travailles, arrête-toi, lave-les et assèche-les avant de poursuivre.

Un magicien intelligent sait bien s'organiser

1   Quand tu as choisi la recette que tu veux préparer, lis-la entièrement avec attention et sors tous les ingrédients (ce que tu mettras dans ta formule magique) et tous les ustensiles (bols, cuillères, etc.) dont tu auras besoin. Ils sont énumérés dans chacune des recettes.

2   Si tu en as le temps, pendant que tu fais cuire quelque chose, lave tous les bols et les ustensiles sales. Il est beaucoup plus agréable de ne pas avoir une énorme pile de vaisselle à laver à la fin.

3   Essaie d'être aussi ordonné que possible. Plus il y a de désordre autour de toi, plus il est probable que tu sois tout mélangé. Tu verras alors les nombreux dégâts qui peuvent survenir!

Un magicien astucieux fait preuve d'imagination

1   Maintenant que le magicien Magouille connaît toutes ses formules magiques par cœur, il fait des expériences. Tu peux faire comme lui, toi aussi. Essaie d'ajouter d'autres ingrédients ou d'en changer quelques-uns. Par exemple, remplace la pomme dans le Pain grillé gloppalot par une carotte râpée ou utilise le glaçage de la Tarte cloum prumble pour garnir un gâteau aux fruits! Pourquoi ne pas ajouter 1 cuillerée à thé de café instantané dissoute dans quelques gouttes d'eau chaude aux Menthes de minuit au lieu de l'extrait de menthe, et les rebaptiser Bouchées de clair de lune!

2   Si un désastre survient… ne t'affole pas! La plupart des préparations peuvent se transformer magiquement en quelque chose d'autre! Par exemple, un gâteau manqué peut devenir un délicieux pouding que tu serviras avec une crème anglaise ou que tu émietteras et que tu arroseras de fruits en conserve pour le convertir en diplomate.

Souviens-toi que tu es magique!
Sers-toi de ton imagination et amuse-toi bien!

DES RECETTES SANS CUISSON

Ces recettes ne requièrent pas l'utilisation de la cuisinière!

LE LURPALOUP

Le Lurpaloup, qui était plutôt gentil,
Vivait dans un grenier, avec une famille de souris.
Il préparait souvent des gâteaux en chantant
Ou des soufflés en un rien de temps.
Il aimait inventer des jeux, jouer aux dés
Et jeter du riz aux nouveaux mariés.
Mais le Lurpaloup avait un vice caché…
Les coupes glacées au miel l'avaient ensorcelé!

9

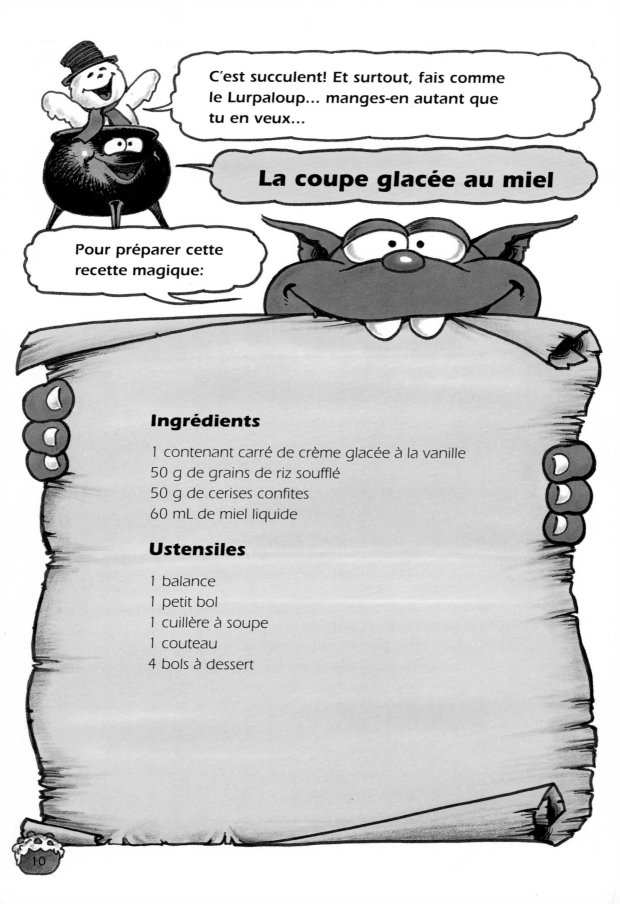

C'est succulent! Et surtout, fais comme le Lurpaloup... manges-en autant que tu en veux...

La coupe glacée au miel

Pour préparer cette recette magique:

Ingrédients

1 contenant carré de crème glacée à la vanille
50 g de grains de riz soufflé
50 g de cerises confites
60 mL de miel liquide

Ustensiles

1 balance
1 petit bol
1 cuillère à soupe
1 couteau
4 bols à dessert

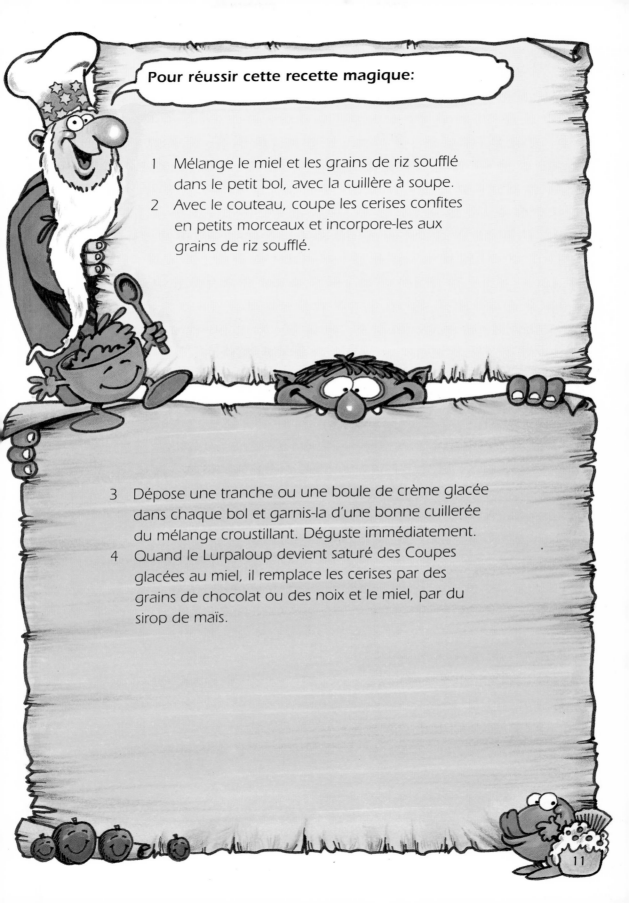

Pour réussir cette recette magique:

1 Mélange le miel et les grains de riz soufflé dans le petit bol, avec la cuillère à soupe.

2 Avec le couteau, coupe les cerises confites en petits morceaux et incorpore-les aux grains de riz soufflé.

3 Dépose une tranche ou une boule de crème glacée dans chaque bol et garnis-la d'une bonne cuillerée du mélange croustillant. Déguste immédiatement.

4 Quand le Lurpaloup devient saturé des Coupes glacées au miel, il remplace les cerises par des grains de chocolat ou des noix et le miel, par du sirop de maïs.

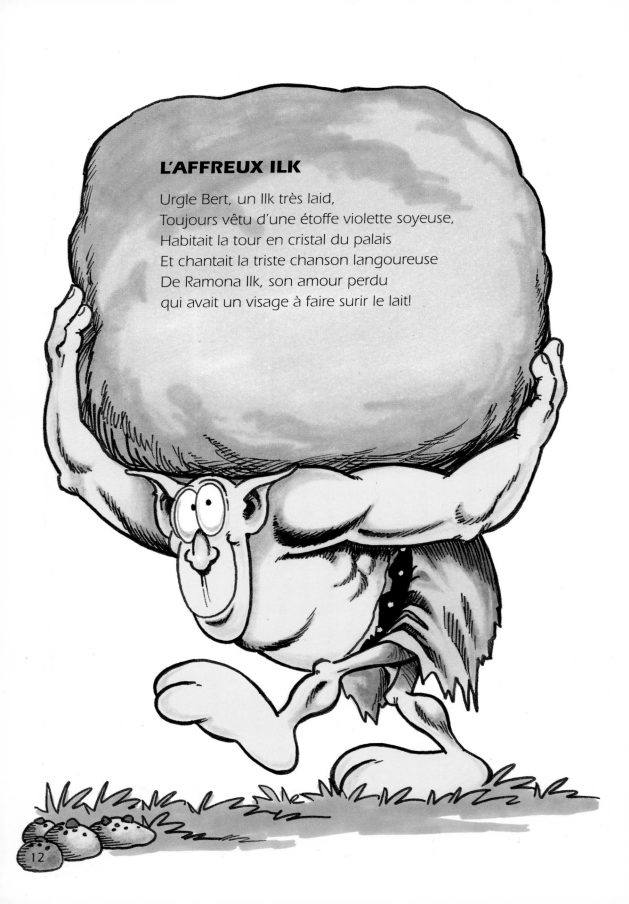

L'AFFREUX ILK

Urgle Bert, un Ilk très laid,
Toujours vêtu d'une étoffe violette soyeuse,
Habitait la tour en cristal du palais
Et chantait la triste chanson langoureuse
De Ramona Ilk, son amour perdu
qui avait un visage à faire surir le lait!

13

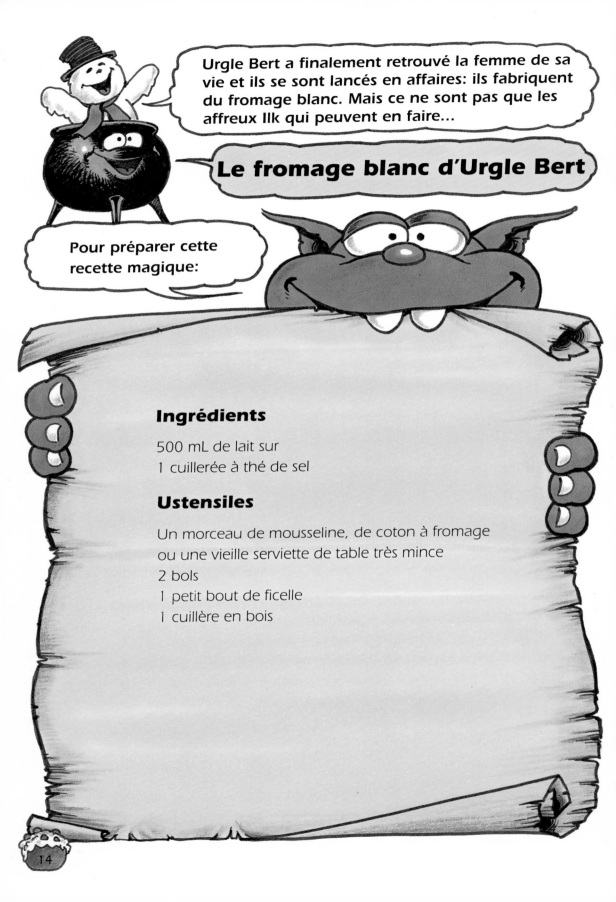

Urgle Bert a finalement retrouvé la femme de sa vie et ils se sont lancés en affaires: ils fabriquent du fromage blanc. Mais ce ne sont pas que les affreux Ilk qui peuvent en faire...

Le fromage blanc d'Urgle Bert

Pour préparer cette recette magique:

Ingrédients

500 mL de lait sur
1 cuillerée à thé de sel

Ustensiles

Un morceau de mousseline, de coton à fromage
ou une vieille serviette de table très mince
2 bols
1 petit bout de ficelle
1 cuillère en bois

Pour réussir cette recette magique:

1 Attends que le lait soit suffisamment suri pour former des grumeaux.

2 Étale un morceau de mousseline, de coton à fromage ou une vieille serviette de table très mince et très propre au-dessus d'un bol.

3 Verse avec précaution le lait caillé dans le tissu.

4 Ramène le tissu en un ballot que tu noues solidement avec le morceau de ficelle, puis que tu suspends à un crochet ou à la poignée d'un tiroir, au-dessus d'un bol.

5 Attends que toute l'eau se soit écoulée dans le bol et qu'il ne te reste plus qu'un morceau de fromage blanc.

6 Verse le fromage dans un bol propre, ajoute du sel et mélange-le bien avec la cuillère en bois.

7 Ton fromage est maintenant prêt à être mangé!
   Tu peux le servir dans une assiette et lui donner une forme ovale ou ronde. Fais des yeux et un nez avec des raisins secs, des raisins ou des radis, et une bouche avec une demi-tranche de concombre ou de tomate. Ce n'est là qu'une suggestion. Tu peux inventer ton propre visage. Amuse-toi bien!

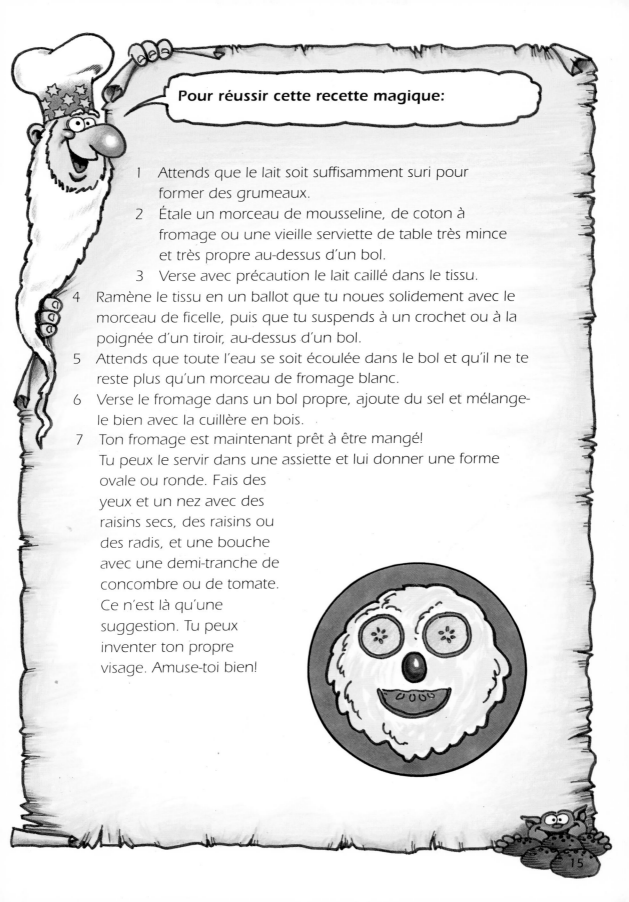

LA REINE DES SORCIÈRES

Dans la noirceur de la nuit, sans être vue,
La reine des sorcières sillonne les rues.
Elle glisse doucement dans les prés et les bois
Traversant le brouillard et les ombres qui tournoient,
Ses yeux jaunes perçant les ténèbres.
Elle suit un vieux chemin enchanté
Avant que le jour ne se lève.
Lorsqu'elle s'approche de la cité
Elle n'a aucune pitié pour les humains.
Alors, pour échapper à ton destin,
Dépose-lui, près de la clôture de ton jardin,
Des Menthes de minuit
Que tu auras préparées avant la nuit.

17

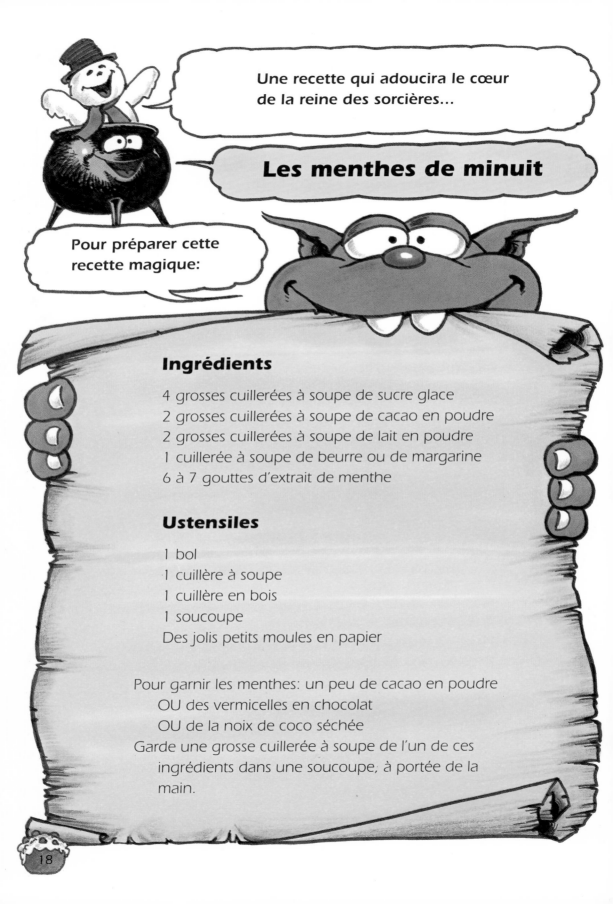

Une recette qui adoucira le cœur de la reine des sorcières...

Les menthes de minuit

Pour préparer cette recette magique:

Ingrédients

4 grosses cuillerées à soupe de sucre glace
2 grosses cuillerées à soupe de cacao en poudre
2 grosses cuillerées à soupe de lait en poudre
1 cuillerée à soupe de beurre ou de margarine
6 à 7 gouttes d'extrait de menthe

Ustensiles

1 bol
1 cuillère à soupe
1 cuillère en bois
1 soucoupe
Des jolis petits moules en papier

Pour garnir les menthes: un peu de cacao en poudre
OU des vermicelles en chocolat
OU de la noix de coco séchée
Garde une grosse cuillerée à soupe de l'un de ces ingrédients dans une soucoupe, à portée de la main.

Pour réussir cette recette magique:

1. Mets le sucre glace, le cacao en poudre, le lait en poudre, le beurre ou la margarine et l'extrait de menthe dans un bol et mélange avec la cuillère en bois pour obtenir une pâte épaisse.

2. Avec tes doigts, prends de petites quantités de pâte, de la grosseur d'une noix environ, et façonne-les en boules avec la paume de tes mains.

3. Dépose les boules sur une surface propre.

4. Lorsque tu as terminé, lave-toi les mains et assèche-les bien.

5. Roule chaque boule dans le cacao en poudre, les vermicelles en chocolat ou la noix de coco séchée et dépose-les dans les moules en papier.

6. Si le mélange s'est ramolli à la chaleur de tes mains, les menthes seront meilleures si tu les laisses une heure au réfrigérateur ou dans un endroit frais avant de les déguster.

7. Si toi ou la reine des sorcières ne mangez pas toutes les Menthes de minuit, tu peux en envelopper quelques-unes dans un joli contenant ou dans un petit pot décoré, et les offrir à quelqu'un.

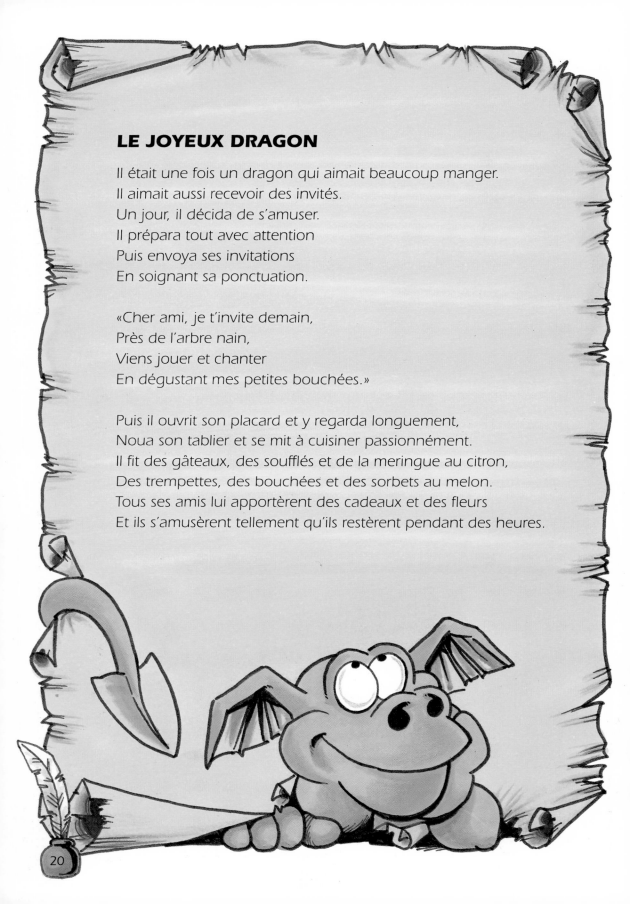

LE JOYEUX DRAGON

Il était une fois un dragon qui aimait beaucoup manger.
Il aimait aussi recevoir des invités.
Un jour, il décida de s'amuser.
Il prépara tout avec attention
Puis envoya ses invitations
En soignant sa ponctuation.

«Cher ami, je t'invite demain,
Près de l'arbre nain,
Viens jouer et chanter
En dégustant mes petites bouchées.»

Puis il ouvrit son placard et y regarda longuement,
Noua son tablier et se mit à cuisiner passionnément.
Il fit des gâteaux, des soufflés et de la meringue au citron,
Des trempettes, des bouchées et des sorbets au melon.
Tous ses amis lui apportèrent des cadeaux et des fleurs
Et ils s'amusèrent tellement qu'ils restèrent pendant des heures.

Si tu prépares une petite fête, ces quelques bouchées en surprendront plus d'un.

Les bouchées du dragon

Pour préparer cette recette magique:

Ingrédients

6 œufs durs

Garniture: (chacune des garnitures est suffisante pour 2 œufs)

A Une demi-cuillerée à thé de poudre ou de pâte de curry
   50 g de beurre ou de margarine
B 2 cuillerées à soupe de fromage blanc égoutté
   1 pincée de sel
   2 cuillerées à thé de raisins secs
C 1 cuillerée à soupe de sauce à salade ou de mayonnaise
   1/2 pomme hachée très finement

Ustensiles

1 balance
1 cuillère à thé
1 couteau
2 cuillères à soupe
3 petits bols
3 fourchettes
1 plat de service

Pour réussir cette recette magique:

1 Assure-toi que tes œufs sont froids. Écaille-les et coupe-les en deux dans le sens de la longueur, avec un couteau.

2 Avec une cuillère à thé, retire les jaunes de deux des œufs et dépose-les dans un bol.

3 Ajoute les ingrédients de l'une des garnitures et mélange bien avec une fourchette.

4 Avec une cuillère à thé, remplis de garniture les trous laissés par les jaunes d'œufs que tu as retirés.

5 Recommence avec les quatre œufs qui restent et les deux autres garnitures.

6 Dispose les œufs dans un plat ou une assiette et offre-les à tes invités.

7 Si tu as un peu de parmesan ou du paprika en poudre, tu peux en saupoudrer légèrement tes œufs garnis.

23

À L'EST DU SOLEIL

À l'est du soleil, à l'ouest de la lune,
Se cache un monde de rêves
Où les enfants dansent sans trêve
Et glissent sur les rayons d'or de la lune.

À l'est du soleil, à l'ouest de la lune,
Tous les rêves se réalisent
Et le rire heureux des enfants
Remplit le firmament.

À l'est du soleil, à l'ouest de la lune, ils doivent probablement manger beaucoup de fraises et de crème, mais pour préparer ce dessert de rêve, reste bien éveillé!

Le nuage rose

Pour préparer cette recette magique:

Ingrédients

1 boîte de gélatine à saveur de fraise

1 petite boîte de lait condensé

(Fais bien attention en ouvrant la boîte ou demande à un adulte de t'aider)

300 mL d'eau chaude

250 mL d'eau froide

Ustensiles

1 gros bol

1 ouvre-boîte

1 tasse à mesurer

1 cuillère en bois

1 batteur électrique

1 plat de service

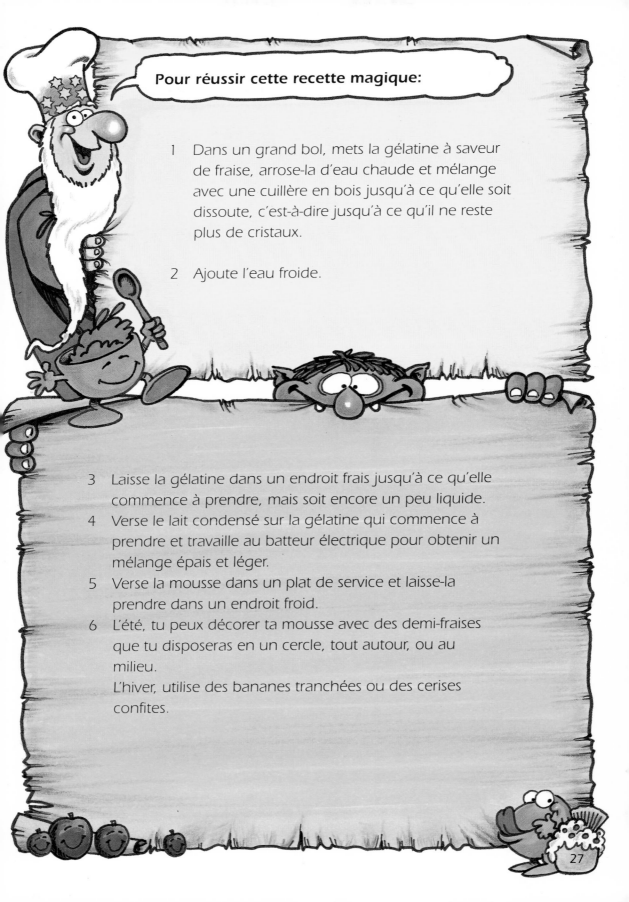

Pour réussir cette recette magique:

1 Dans un grand bol, mets la gélatine à saveur de fraise, arrose-la d'eau chaude et mélange avec une cuillère en bois jusqu'à ce qu'elle soit dissoute, c'est-à-dire jusqu'à ce qu'il ne reste plus de cristaux.

2 Ajoute l'eau froide.

3 Laisse la gélatine dans un endroit frais jusqu'à ce qu'elle commence à prendre, mais soit encore un peu liquide.

4 Verse le lait condensé sur la gélatine qui commence à prendre et travaille au batteur électrique pour obtenir un mélange épais et léger.

5 Verse la mousse dans un plat de service et laisse-la prendre dans un endroit froid.

6 L'été, tu peux décorer ta mousse avec des demi-fraises que tu disposeras en un cercle, tout autour, ou au milieu.
L'hiver, utilise des bananes tranchées ou des cerises confites.

27

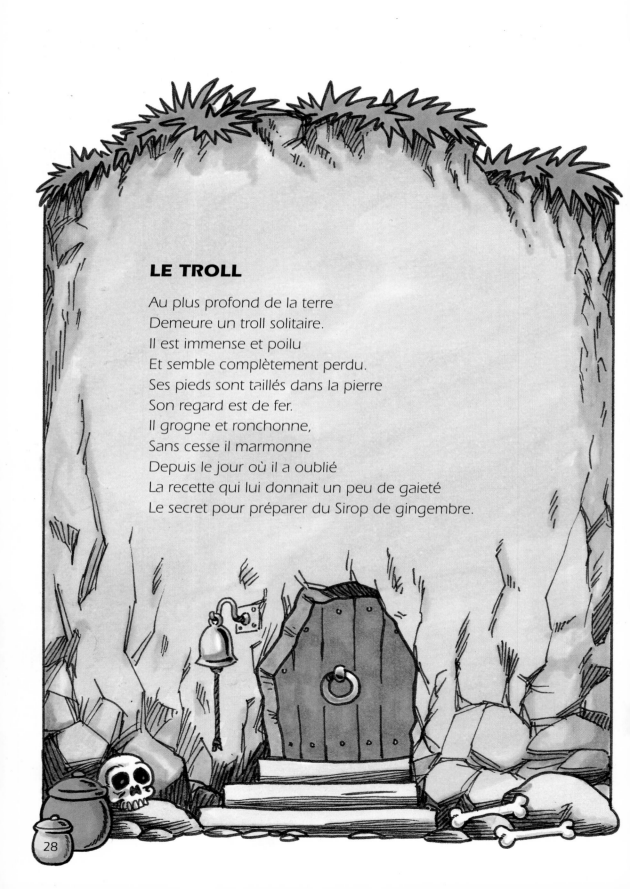

LE TROLL

Au plus profond de la terre
Demeure un troll solitaire.
Il est immense et poilu
Et semble complètement perdu.
Ses pieds sont taillés dans la pierre
Son regard est de fer.
Il grogne et ronchonne,
Sans cesse il marmonne
Depuis le jour où il a oublié
La recette qui lui donnait un peu de gaieté
Le secret pour préparer du Sirop de gingembre.

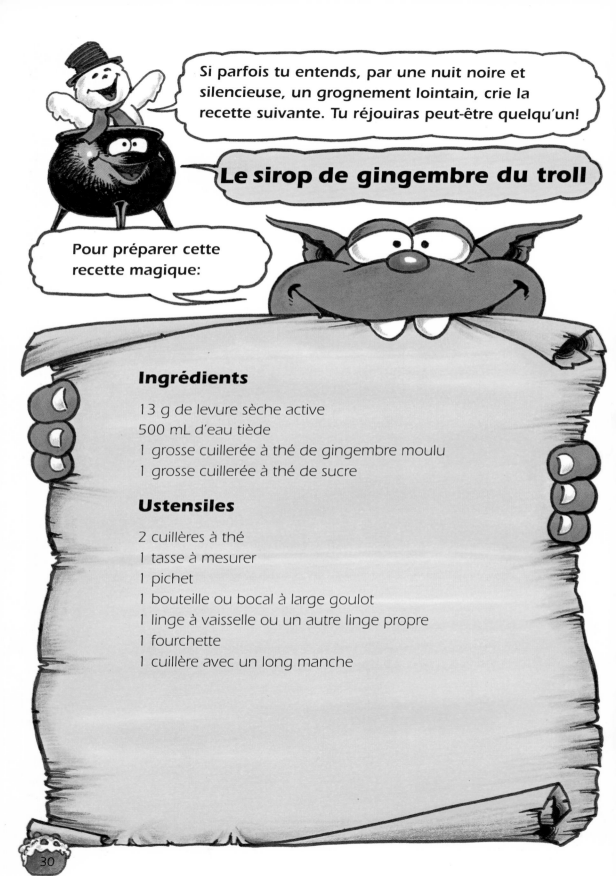

Si parfois tu entends, par une nuit noire et silencieuse, un grognement lointain, crie la recette suivante. Tu réjouiras peut-être quelqu'un!

Le sirop de gingembre du troll

Pour préparer cette recette magique:

Ingrédients

13 g de levure sèche active
500 mL d'eau tiède
1 grosse cuillerée à thé de gingembre moulu
1 grosse cuillerée à thé de sucre

Ustensiles

2 cuillères à thé
1 tasse à mesurer
1 pichet
1 bouteille ou bocal à large goulot
1 linge à vaisselle ou un autre linge propre
1 fourchette
1 cuillère avec un long manche

Pour commencer cette recette magique:

1   Dans un pichet, dissous le sucre dans un peu
    d'eau que tu auras réchauffée.
2   Incorpore la levure avec une fourchette et laisse
    le mélange dans un endroit chaud pendant
    10 minutes.

3   Ajoute le reste d'eau et le gingembre moulu au mélange
    qui pétille et mêle bien avec la fourchette.
4   Verse ce mélange dans un grand bocal ou une bouteille à
    large goulot et recouvre-le lâchement d'une feuille de
    papier essuie-tout ou d'un vieux mouchoir propre.
    Laisse le mélange dans un endroit chaud dans la cuisine et,
    chaque jour, pendant une semaine, fais ceci:
    Ajoute: 1 grosse cuillerée à thé de gingembre moulu
               1 grosse cuillerée à thé de sucre
               Mélange bien avec une cuillère à long manche.
    Après une semaine, confectionne ton sirop au gingembre.

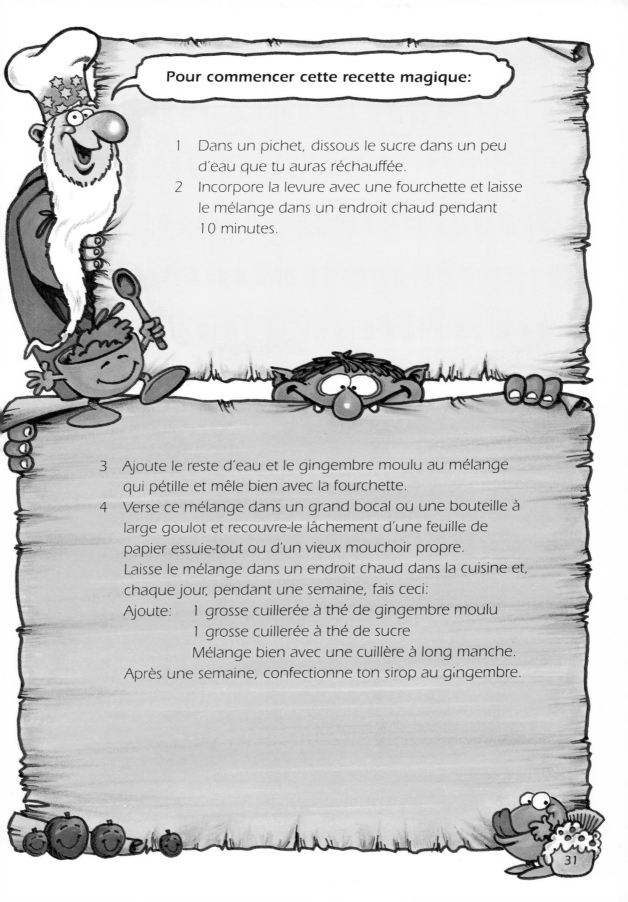

Ingrédients

300 g de sucre
500 mL d'eau chaude
Le jus de 1 citron
   ou 2 cuillerées à soupe de jus de citron en bouteille
1,5 L d'eau froide
Le liquide de ta bouteille ou de ton bocal

Ustensiles

1 gros bol
1 balance
1 tasse à mesurer

1 cuillère en bois
3 ou 4 bouteilles de boisson gazeuse
ou de limonade concentrée, vides

1   Dans un grand bol, mets le sucre et l'eau chaude et mélange avec une cuillère en bois jusqu'à ce que le sucre soit dissous.

2   Ajoute le jus de citron et l'eau froide, puis arrose du liquide contenu dans le pichet du début, en prenant soin de ne pas vider la pâte brune au fond du bocal. Mélange bien.

3   Verse le sirop de gingembre dans les bouteilles vides, en laissant environ 2,5 cm d'espace de tête en haut de chaque bouteille. Visse lâchement les bouchons et garde le sirop de gingembre, dans un endroit frais, pendant une semaine avant de le boire.

4   Tu peux maintenant diviser la pâte brune en deux. Donne une moitié à un de tes amis pour qu'il puisse, à son tour, fabriquer du Sirop de gingembre. S'il y a des trolls tout près de toi, ils seront vraiment heureux d'en avoir un peu.

5   À ta moitié, ajoute tous les ingrédients du début, sauf la levure. Nourris-la pendant une semaine de gingembre moulu et de sucre comme précédemment.
   Tu pourras alors préparer quelques autres bouteilles de Sirop de gingembre.

DES RECETTES À FAIRE CUIRE

Ces recettes se préparent dans un four chaud. N'oublie pas de lire les conseils du magicien Magouille!

LE GLOPPALOT

Le Gloppalot est petit et gros
Et il ne porte jamais de chapeau.
Il écrase les noisettes
Avec une clé à molette.

Il fouille dans son nez
Et suce ses orteils,
Et tartine sa chaise
De confiture aux fraises.

Il éternue dans son jus
Et répand sa crème partout.
Il ne sait que faire
Des bonnes manières.

D'aucune façon il ne veut plaire
Il n'y a vraiment rien à faire,
Sauf si tu lui offres ce qu'il préfère:
Une pomme et un morceau de fromage!

35

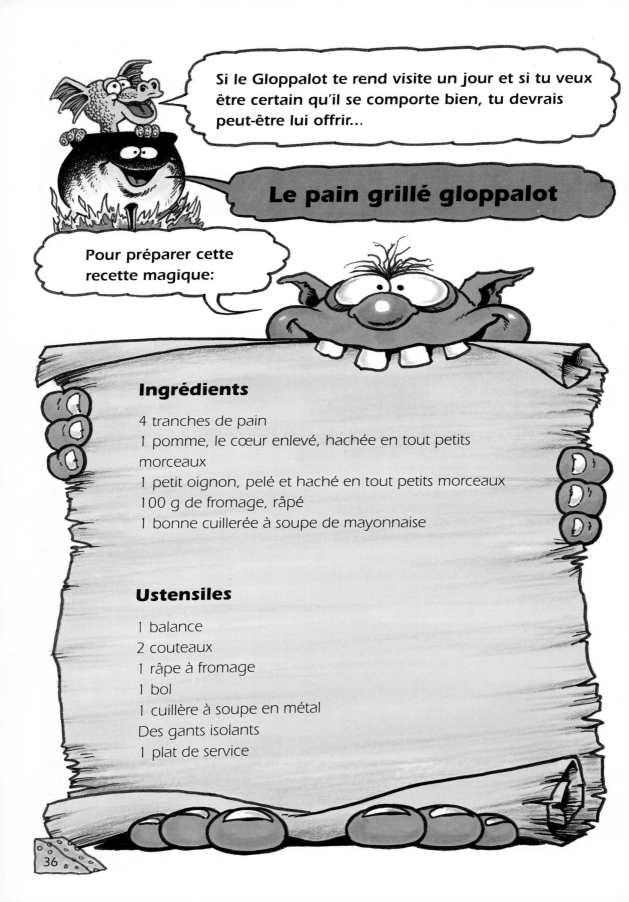

Si le Gloppalot te rend visite un jour et si tu veux être certain qu'il se comporte bien, tu devrais peut-être lui offrir...

Le pain grillé gloppalot

Pour préparer cette recette magique:

Ingrédients

4 tranches de pain
1 pomme, le cœur enlevé, hachée en tout petits morceaux
1 petit oignon, pelé et haché en tout petits morceaux
100 g de fromage, râpé
1 bonne cuillerée à soupe de mayonnaise

Ustensiles

1 balance
2 couteaux
1 râpe à fromage
1 bol
1 cuillère à soupe en métal
Des gants isolants
1 plat de service

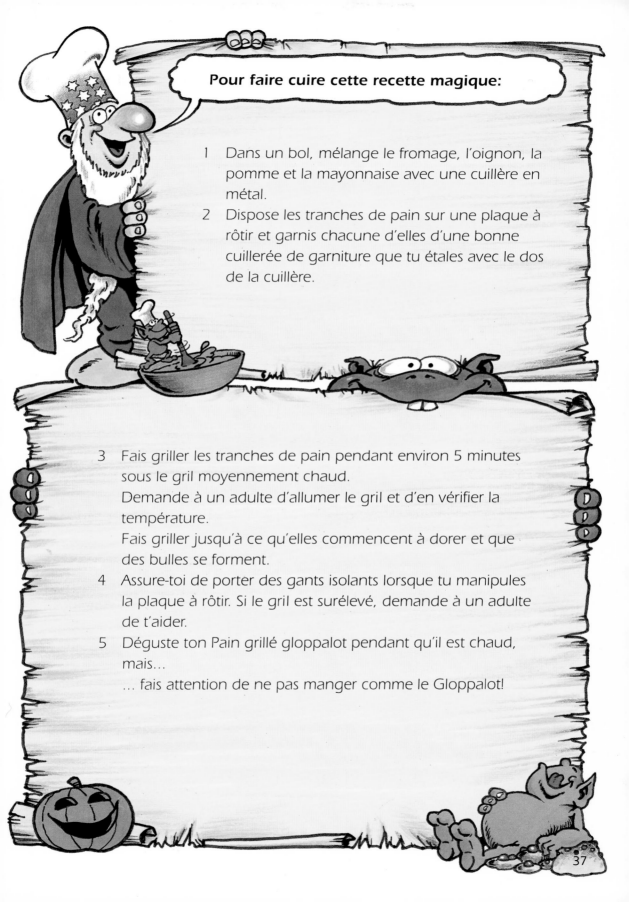

Pour faire cuire cette recette magique:

1 Dans un bol, mélange le fromage, l'oignon, la pomme et la mayonnaise avec une cuillère en métal.

2 Dispose les tranches de pain sur une plaque à rôtir et garnis chacune d'elles d'une bonne cuillerée de garniture que tu étales avec le dos de la cuillère.

3 Fais griller les tranches de pain pendant environ 5 minutes sous le gril moyennement chaud.
Demande à un adulte d'allumer le gril et d'en vérifier la température.
Fais griller jusqu'à ce qu'elles commencent à dorer et que des bulles se forment.

4 Assure-toi de porter des gants isolants lorsque tu manipules la plaque à rôtir. Si le gril est surélevé, demande à un adulte de t'aider.

5 Déguste ton Pain grillé gloppalot pendant qu'il est chaud, mais…
… fais attention de ne pas manger comme le Gloppalot!

L'OGRE BOGRE

L'ogre Bogre, ce vieux troll,
S'est trouvé un bol,
Une cuillère et un peu de farine
Et en une demi-heure, a fabriqué un pouding.

L'ogre Bogre, ce vieux troll,
A cassé un œuf dans le bol,
Un zeste de citron et du lait y a ajouté
Ainsi que tout ce qu'il pouvait trouver.

L'ogre Bogre, ce vieux troll,
A rangé le bol,
A sorti une serviette et une assiette
Et un livre pour lire pendant qu'il mangeait.

L'ogre Bogre, ce vieux troll,
A mangé tout le pouding du bol,
A léché la cuillère, puis ses doigts,
Et s'est promis qu'il recommencerait, ma foi!

39

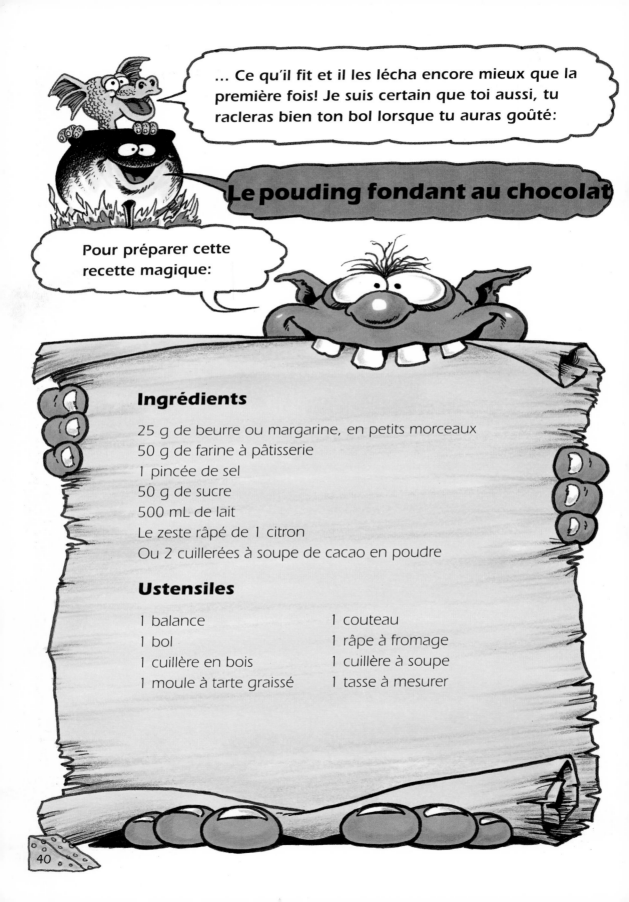

... Ce qu'il fit et il les lécha encore mieux que la première fois! Je suis certain que toi aussi, tu racleras bien ton bol lorsque tu auras goûté:

Le pouding fondant au chocolat

Pour préparer cette recette magique:

Ingrédients

25 g de beurre ou margarine, en petits morceaux
50 g de farine à pâtisserie
1 pincée de sel
50 g de sucre
500 mL de lait
Le zeste râpé de 1 citron
Ou 2 cuillerées à soupe de cacao en poudre

Ustensiles

1 balance
1 bol
1 cuillère en bois
1 moule à tarte graissé

1 couteau
1 râpe à fromage
1 cuillère à soupe
1 tasse à mesurer

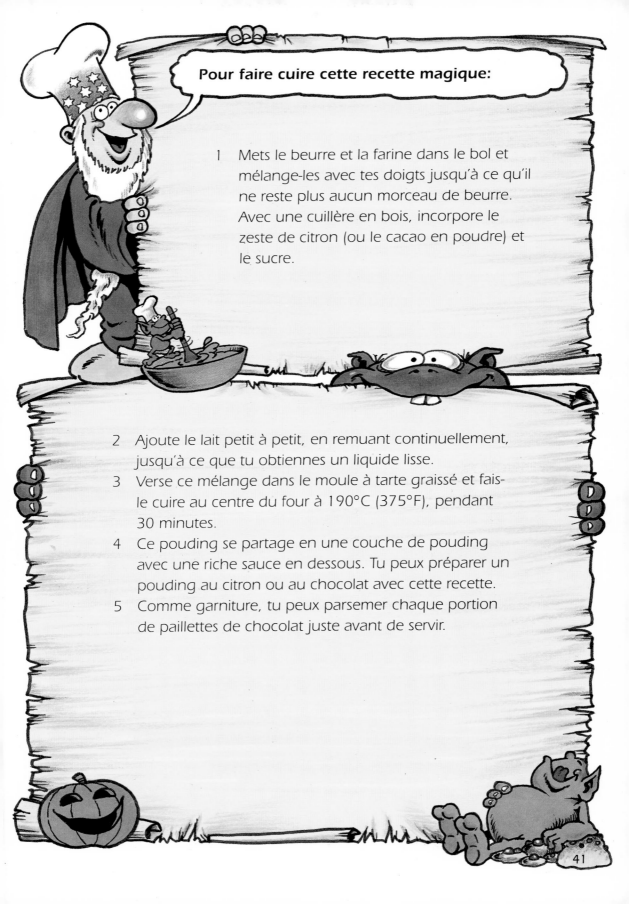

Pour faire cuire cette recette magique:

1   Mets le beurre et la farine dans le bol et mélange-les avec tes doigts jusqu'à ce qu'il ne reste plus aucun morceau de beurre. Avec une cuillère en bois, incorpore le zeste de citron (ou le cacao en poudre) et le sucre.

2   Ajoute le lait petit à petit, en remuant continuellement, jusqu'à ce que tu obtiennes un liquide lisse.

3   Verse ce mélange dans le moule à tarte graissé et fais-le cuire au centre du four à 190°C (375°F), pendant 30 minutes.

4   Ce pouding se partage en une couche de pouding avec une riche sauce en dessous. Tu peux préparer un pouding au citron ou au chocolat avec cette recette.

5   Comme garniture, tu peux parsemer chaque portion de paillettes de chocolat juste avant de servir.

LA SORCIÈRE DÉTRAQUÉE

Cachée tout au fond du bois,
La sorcière détraquée est en émoi.
Dans son chaudron tout neuf,
Elle prépare un ragoût de bœuf
Avec un œil de triton
Et une langue de chaton,
Des oignons, des carottes et des fruits,
Une aile de chauve-souris,
Une bonne poignée de riz,
Du sel et du poivre aussi.
Tout en mélangeant, elle crie «Kalamazou!»
Et se donne une tape sur la joue.
Elle met le couvercle et laisse mijoter longtemps.
À huit heures et demie sonnantes,
Elle s'en sert une bonne portion,
Mais le goût est horrible…

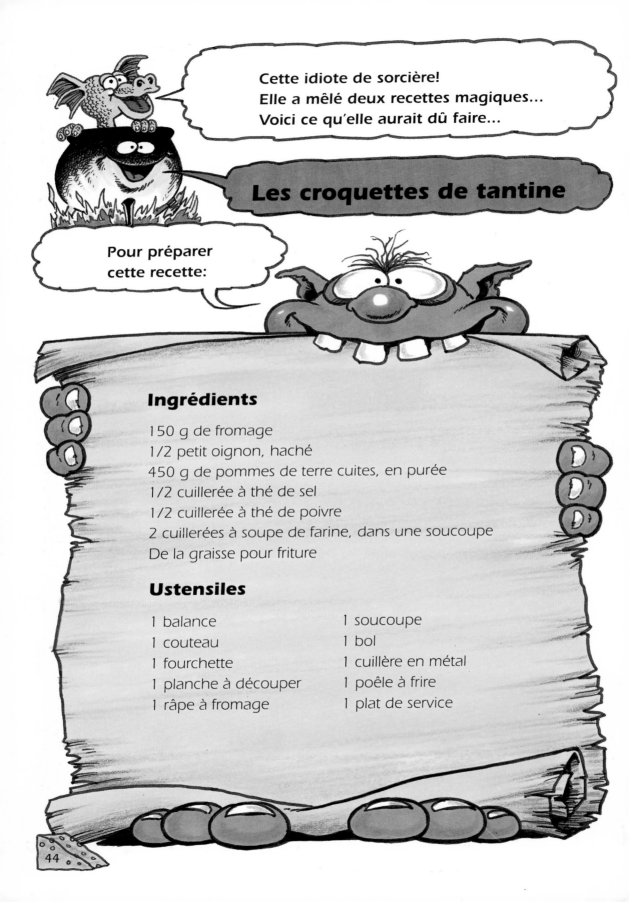

Cette idiote de sorcière!
Elle a mêlé deux recettes magiques...
Voici ce qu'elle aurait dû faire...

Les croquettes de tantine

Pour préparer cette recette:

Ingrédients

150 g de fromage
1/2 petit oignon, haché
450 g de pommes de terre cuites, en purée
1/2 cuillerée à thé de sel
1/2 cuillerée à thé de poivre
2 cuillerées à soupe de farine, dans une soucoupe
De la graisse pour friture

Ustensiles

1 balance
1 couteau
1 fourchette
1 planche à découper
1 râpe à fromage

1 soucoupe
1 bol
1 cuillère en métal
1 poêle à frire
1 plat de service

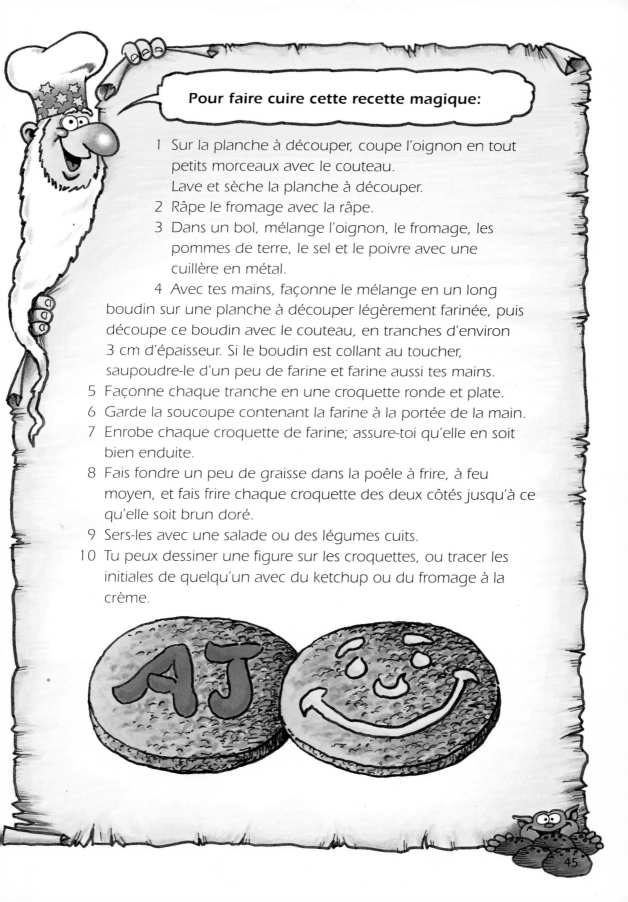

Pour faire cuire cette recette magique:

1 Sur la planche à découper, coupe l'oignon en tout petits morceaux avec le couteau.
Lave et sèche la planche à découper.

2 Râpe le fromage avec la râpe.

3 Dans un bol, mélange l'oignon, le fromage, les pommes de terre, le sel et le poivre avec une cuillère en métal.

4 Avec tes mains, façonne le mélange en un long boudin sur une planche à découper légèrement farinée, puis découpe ce boudin avec le couteau, en tranches d'environ 3 cm d'épaisseur. Si le boudin est collant au toucher, saupoudre-le d'un peu de farine et farine aussi tes mains.

5 Façonne chaque tranche en une croquette ronde et plate.

6 Garde la soucoupe contenant la farine à la portée de la main.

7 Enrobe chaque croquette de farine; assure-toi qu'elle en soit bien enduite.

8 Fais fondre un peu de graisse dans la poêle à frire, à feu moyen, et fais frire chaque croquette des deux côtés jusqu'à ce qu'elle soit brun doré.

9 Sers-les avec une salade ou des légumes cuits.

10 Tu peux dessiner une figure sur les croquettes, ou tracer les initiales de quelqu'un avec du ketchup ou du fromage à la crème.

L'EXTRATERRESTRE MONSTRUEUX

Bien haut, au-dessus de la terre,
Dans le ciel, vit un extraterrestre vert.
Lorsqu'il voyage dans son vaisseau spatial argent
Un seul «Bip!» au radar s'entend.
Il a quatre bras et deux antennes ridicules,
Et les plus grandes oreilles que tu aies jamais vues.
Lorsqu'il scrute notre ciel orageux
Il n'en croit pas ses yeux globuleux.
Il est toujours prêt à parier
Que la nourriture terrestre est avariée.

Si cet extraterrestre se pose dans ton jardin, ne lui souris pas et ne lui fais pas peur. Offre-lui plutôt...

Les biscuits étoilés

Pour préparer cette recette magique:

Ingrédients

100 g de beurre ou de margarine

100 g de sucre

1 œuf — cassé dans une tasse et battu

200 g de farine tout usage

2 cuillerées à thé de zeste d'orange ou de citron finement râpé

Ou 1 cuillerée à thé d'épices mélangées

Ou 1 cuillerée à thé de cannelle moulue

Ustensiles

1 balance

1 tasse

1 cuillère en bois

1 bol

1 planche à pâtisserie

1 rouleau à pâtisserie

1 emporte-pièce en forme d'étoile

1 grille pour faire refroidir les gâteaux

2 plaques à biscuits

1 râpe à fromage

Des gants isolants

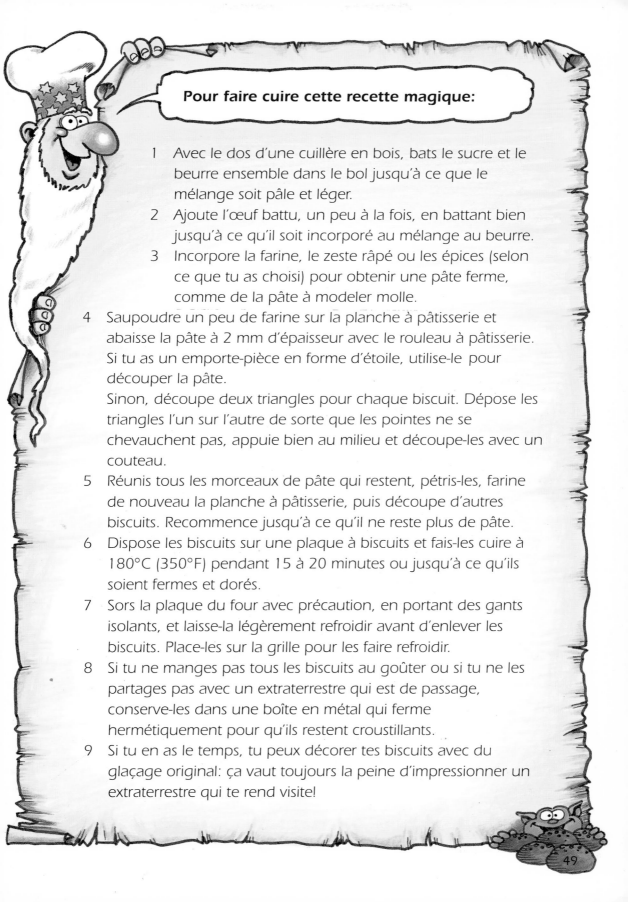

Pour faire cuire cette recette magique:

1. Avec le dos d'une cuillère en bois, bats le sucre et le beurre ensemble dans le bol jusqu'à ce que le mélange soit pâle et léger.

2. Ajoute l'œuf battu, un peu à la fois, en battant bien jusqu'à ce qu'il soit incorporé au mélange au beurre.

3. Incorpore la farine, le zeste râpé ou les épices (selon ce que tu as choisi) pour obtenir une pâte ferme, comme de la pâte à modeler molle.

4. Saupoudre un peu de farine sur la planche à pâtisserie et abaisse la pâte à 2 mm d'épaisseur avec le rouleau à pâtisserie. Si tu as un emporte-pièce en forme d'étoile, utilise-le pour découper la pâte.

   Sinon, découpe deux triangles pour chaque biscuit. Dépose les triangles l'un sur l'autre de sorte que les pointes ne se chevauchent pas, appuie bien au milieu et découpe-les avec un couteau.

5. Réunis tous les morceaux de pâte qui restent, pétris-les, farine de nouveau la planche à pâtisserie, puis découpe d'autres biscuits. Recommence jusqu'à ce qu'il ne reste plus de pâte.

6. Dispose les biscuits sur une plaque à biscuits et fais-les cuire à 180°C (350°F) pendant 15 à 20 minutes ou jusqu'à ce qu'ils soient fermes et dorés.

7. Sors la plaque du four avec précaution, en portant des gants isolants, et laisse-la légèrement refroidir avant d'enlever les biscuits. Place-les sur la grille pour les faire refroidir.

8. Si tu ne manges pas tous les biscuits au goûter ou si tu ne les partages pas avec un extraterrestre qui est de passage, conserve-les dans une boîte en métal qui ferme hermétiquement pour qu'ils restent croustillants.

9. Si tu en as le temps, tu peux décorer tes biscuits avec du glaçage original: ça vaut toujours la peine d'impressionner un extraterrestre qui te rend visite!

LA CHOSE INSALUBRE

Elle tourne toujours en rond
Cette chose insalubre sans orteils
Elle glisse et dérape au fond
Cherchant à gober des poissons au grand soleil.

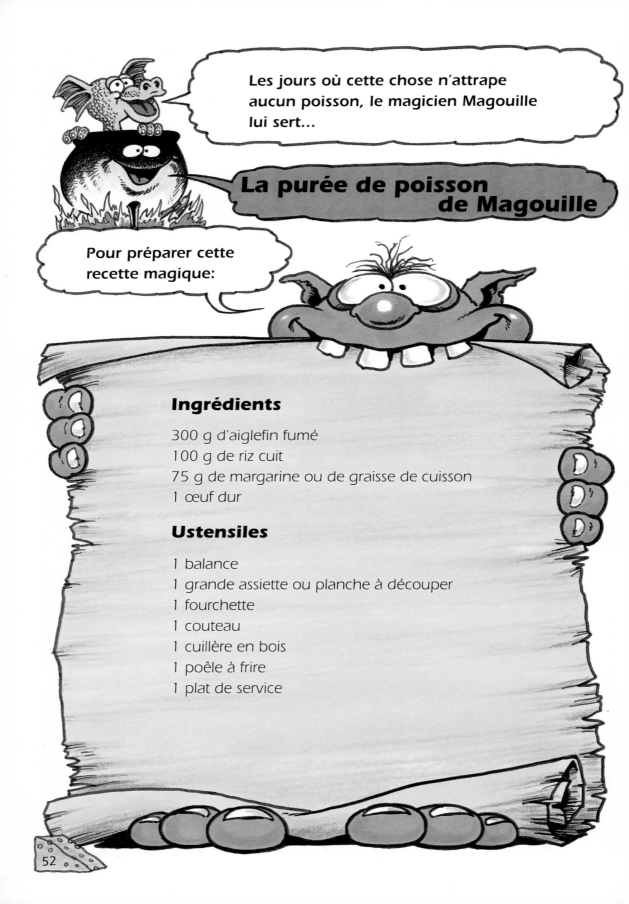

Les jours où cette chose n'attrape aucun poisson, le magicien Magouille lui sert...

La purée de poisson de Magouille

Pour préparer cette recette magique:

Ingrédients

300 g d'aiglefin fumé
100 g de riz cuit
75 g de margarine ou de graisse de cuisson
1 œuf dur

Ustensiles

1 balance
1 grande assiette ou planche à découper
1 fourchette
1 couteau
1 cuillère en bois
1 poêle à frire
1 plat de service

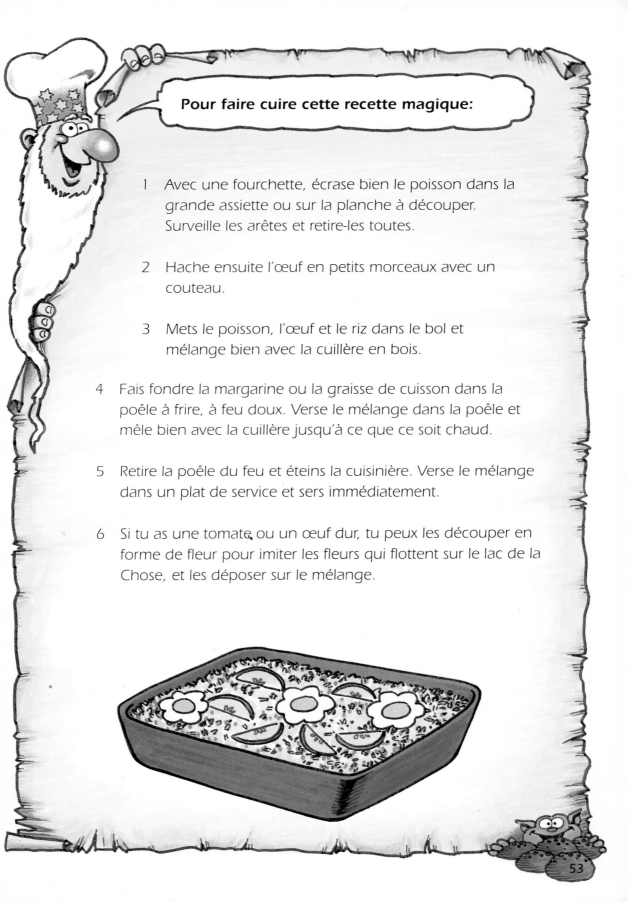

Pour faire cuire cette recette magique:

1. Avec une fourchette, écrase bien le poisson dans la grande assiette ou sur la planche à découper. Surveille les arêtes et retire-les toutes.

2. Hache ensuite l'œuf en petits morceaux avec un couteau.

3. Mets le poisson, l'œuf et le riz dans le bol et mélange bien avec la cuillère en bois.

4. Fais fondre la margarine ou la graisse de cuisson dans la poêle à frire, à feu doux. Verse le mélange dans la poêle et mêle bien avec la cuillère jusqu'à ce que ce soit chaud.

5. Retire la poêle du feu et éteins la cuisinière. Verse le mélange dans un plat de service et sers immédiatement.

6. Si tu as une tomate, ou un œuf dur, tu peux les découper en forme de fleur pour imiter les fleurs qui flottent sur le lac de la Chose, et les déposer sur le mélange.

LES INSECTIUMS

«De la tarte au cloum prumble!»
Crient les insectiums tout énervés.
«Nous donnerions notre nez
Pour de la tarte au cloum prumble!»

«Cette tarte aux prunes avec de la crème!»
disent-ils en criant.
«Existe-t-elle vraiment?»
«N'est-elle qu'une rêve suprême?»

Ces petits insectiums découvriront peut-être un jour la recette qu'ils cherchent, car je vais t'en révéler le secret...

La tarte au cloum prumble

Pour préparer cette recette magique:

Ingrédients

Pâte à tarte
300 g de farine tout usage
75 g de margarine, en petits morceaux
75 g de saindoux, en petits morceaux
5 cuillerées à soupe d'eau froide

Garnitures
450 g de prunes, lavées et asséchées
2 cuillerées à soupe de sucre

Ustensiles

1 balance
1 couteau
1 cuillère à soupe
2 bols

1 rouleau à pâtisserie
1 moule à tarte
Des gants isolants
1 planche à pâtisserie

Pour faire cuire cette recette magique:

1. Mets la farine et les graisses dans un bol. Avec tes doigts, mélange jusqu'à ce que tu obtiennes une préparation qui ressemble à de la chapelure avec des morceaux de graisse à l'intérieur.

2. Dépose deux bonnes poignées de ce mélange dans un autre bol, pour l'utiliser comme garniture.

3. Lave-toi les mains et assèche-les bien.

4. Verse l'eau dans le premier bol. Avec le couteau, mélange pour obtenir une pâte lisse, non collante, semblable à de la pâte à modeler molle. Si la pâte devient collante ou gluante, saupoudre-la d'un peu de farine et travaille-la de nouveau.

5. Saupoudre la planche à pâtisserie d'un peu de farine et abaisse la pâte avec le rouleau à pâtisserie jusqu'à ce qu'elle recouvre le fond et les côtés d'un moule à tarte.

6. Coupe les prunes en deux et enlève les noyaux.

7. Dispose les prunes au fond du moule à tarte.

8. Ajoute le sucre au reste du mélange de farine et saupoudre cette préparation sur les prunes. Assure-toi qu'elles sont bien recouvertes. Aplatis légèrement le tout.

9. Fais cuire à 200°C (400°F), pendant 30 minutes, jusqu'à ce que ce soit doré.

10. Utilise des GANTS ISOLANTS pour mettre la tarte dans le four et pour la sortir.

11. Cette tarte peut se manger chaude ou froide, et les insectiums affirment qu'elle est délicieuse avec de la crème.

LE TOUT PETIT CHEVALIER

À l'ombre, dans un endroit rempli de charme,
Un chevalier s'agenouille devant sa dame,
Il veut lui demander sa main sans détour.
Affaibli et amaigri par le long parcours,
Il semble bien peu convaincant
Et la belle le sent plutôt distant.

«Alack, gentil chevalier, viens t'asseoir auprès de moi,
Raconte-moi, que t'est-il arrivé? dis-le moi!»
«Ma dame, je suis venu à vous sans m'arrêter
J'ai si faim, si soif et je suis si fatigué!»
«Alors, gentil chevalier, tu ne mourras pas,
Viens, je vais te servir une pointe de tarte!»

Le chevalier tout faible et tout maigre, récupéra par magie toutes ses forces et fut capable de gagner le cœur de la belle après avoir dégusté plusieurs pointes de...

La tarte magique de lady Anne

Pour préparer cette recette magique:

Ingrédients

450 g de pâte feuilletée

225 g de saucisses ou de chipolatas

(ou de sausalatas si tu ne manges pas de viande)

1 grosse boîte de fèves cuites

(ouvre-la avec précaution ou demande à un adulte de t'aider)

2 œufs

1 pincée de sel et de poivre

Ustensiles

1 planche à pâtisserie

1 rouleau à pâtisserie

1 moule à tarte

1 bol

1 couteau

1 cuillère à soupe en métal

Pour faire cuire cette recette magique:

1. Saupoudre une poignée de farine sur la planche à pâtisserie et abaisse les deux tiers de la pâte feuilletée avec le rouleau à pâtisserie jusqu'à ce qu'elle puisse couvrir le fond et les côtés d'un moule à tarte. Dépose-la dans le moule à tarte en laissant la pâte déborder un peu tout autour.

2. Verse les fèves cuites dans le bol. Avec un couteau, découpe les saucisses en morceaux et ajoute-les, avec le sel et le poivre, aux fèves. Incorpore bien les deux œufs en mélangeant avec la cuillère en métal.

3. Verse la garniture aux fèves dans la pâte à tarte.

4. Abaisse suffisamment le reste de la pâte pour recouvrir la tarte. Pose-la sur la tarte et appuie bien tout autour pour sceller le couvercle. Découpe le surplus de pâte tout autour. Tu peux façonner, avec ce restant de pâte, les initiales de quelqu'un ou des étoiles pour décorer le dessus de ta tarte.

5. Pratique deux petits trous au milieu du couvercle avec la pointe du couteau. Fais cuire la tarte au milieu du four, à 220°C (425°F), pendant environ 35 minutes, jusqu'à ce qu'elle soit dorée. Porte des gants isolants lorsque tu mets la tarte au four et lorsque tu la sors.

LE MAGICIEN MAGOUILLE

Au milieu du bois,
Se dresse une immense tour.
C'est là que pour s'amuser, un jour,
Le magicien Magouille s'est joué des lois.
Il fit venir la pluie et le soleil.
Jour et nuit récita des formules magiques
Et d'un geste tragique
Il tourna les pages de son livre rempli de merveilles.
«Roule et tourne», récita le magicien Magouille
Préférant déguster un soufflé qu'une grenouille.

Un jour, vint un dragon,
Puis des lutins s'installèrent sur un banc,
Sachant qu'ils n'auraient ni crapauds ni chatons,
Car le magicien Magouille était beaucoup trop charmant.
D'un geste de la main il feuilleta lentement
Son livre pour satisfaire ces petits gourmands.
Il leur servit des Menthes de minuit et de la mousse,
Du sirop de gingembre et du jus de pamplemousse.
Et après avoir dégusté le pouding au chocolat,
Chacun en redemandait et tendait son plat.
Alors, le magicien, d'un geste solennel,
Satisfait, leur confia son secret:
Petits cuisiniers, même si vous n'êtes pas magiciens
Lorsque vous cuisinez, vous êtes magiques!
Sur ce, il ferma son livre et disparut.

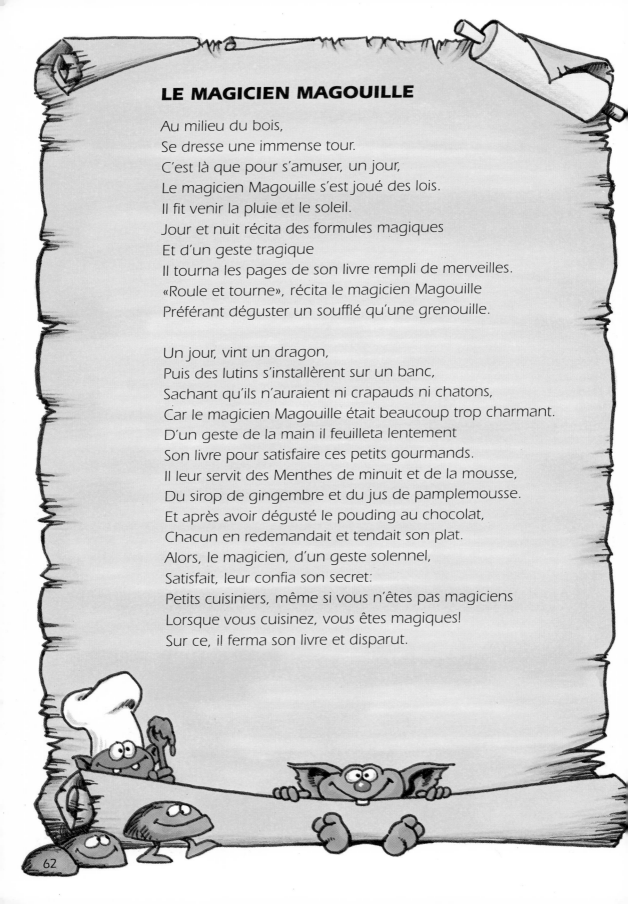

Version originale publiée sous le titre
The Weird and Wonderful Cook Book

© Fran and John Pickering
Publiée par Henserson Publishing Limited

Adaptation française de Dominique Chauveau
© Les Éditions Héritage Inc. 1992
Tous droits réservés

Dépôts légaux: 3e trimestre 1992
Bibliothèque nationale du Québec
Bibliothèque nationale du Canada

ISBN: 2-7625-7228-2
Imprimé à Singapour

LES ÉDITIONS HÉRITAGE INC.
300, Arran, Saint-Lambert (Québec) J4R 1K5
(514) 875-0327

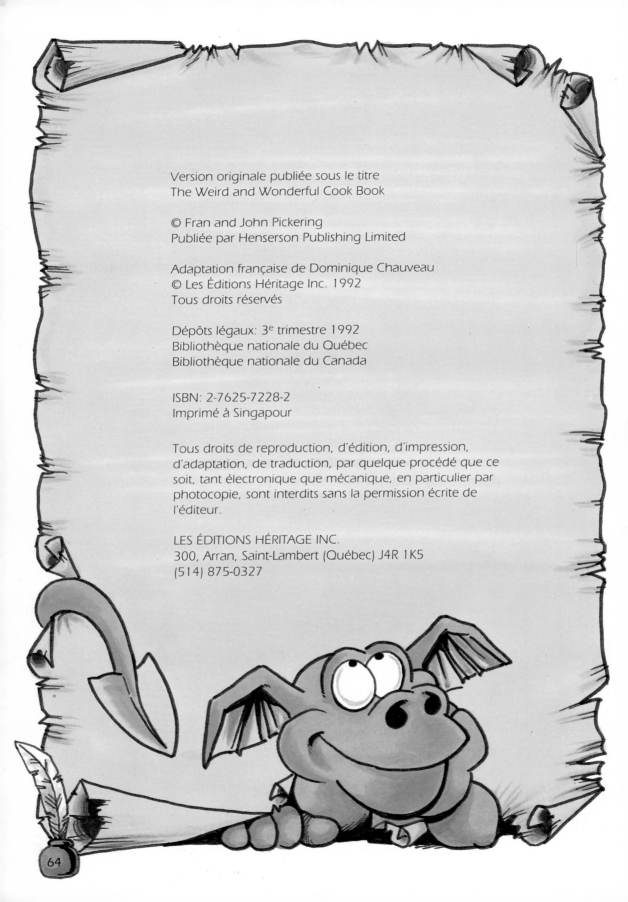